Règlement proposé

par la Commission de Révision

aux

Membres de la Société de St André.

Statuts.

Articles préliminaires.
But de la Société

La Société s'appuyant sur les principes philantropiques, a pour but de soutenir ses adhérents dans les cas de Maladies, Infirmités et vieillesse, en leur procurant des Secours dans ces diverses circonstances.

Elle accorde en outre, aux épouses des Sociétaires actifs, les soins du Médecin de la Société ainsi que les médicaments.

Elle pourvoit aussi aux frais d'inhumations des Sociétaires actifs.

Il en est de même pour leurs épouses.

La Société accorde aux veuves ou ayants droit desdits Sociétaires une indemnité mortuaire fixée au Réglement. (voir décès et funérailles.)

Sa durée est illimitée.

Le nombre de Ses membres est fixé par les présents Statuts, à 300.

Une décision de l'assemblée Générale de la Société pourra seule en augmenter le nombre, en se conformant aux déclarations préalables à l'autorité compétentes.

La Société n'étant pas corporative, admet dans son sein tous les corps d'états Sans exception.

Elle n'admet pas des membres honoraires, à tel titre

que ce soit.

Moyens.

La Société subvient, aux secours ci-dessus indiqués, au moyen d'une cotisation mensuelle de 2 francs par Sociétaire et d'une cotisation forcée de 50 centimes à chaque décès d'un Sociétaire ou de son épouse pour l'acquisition d'un terrain à part, et par les amendes encourues par les Sociétaires pour infraction aux articles du Règlement, ainsi que par l'intérêt des fonds placés au nom de la Société.

La Société peut toujours, si des besoins l'exigent, s'imposer extraordinairement, après un vote de l'Assemblée Générale de la Société.

Titre 1er

Admission.

Art. 1er

Pour être admis dans la Société il faut :

1° être présenté par deux de ses membres actifs, qui répondent de l'honorabilité du récipiendaire ;

2° Justifier de ses nom, prénoms, âge et domicile à Paris ;

3° Si le récipiendaire est marié, fournir un acte authentique ou récépissé à l'appui ;

4° Justifier que l'on a subi aucune condamnation capable de flétrir l'honneur ou la probité ;

5° Que l'on est libéré du service actif de l'armée ;

6° Toutes infirmités ou maladies chroniques, empêchent d'être admis à faire partie de la Société.

Art. 2.

Le droit d'admission est fixé comme suit :

de 21 ans	à 25 ans	10 francs	
„ 25 „	à 30 „	15 „	
„ 30 „	à 35 „	25 „	

de 35 ans à 40 ans inclus. 40 francs.

Passé 40 ans on ne peut plus être admis.

Le droit d'admission doit être acquis dans les 6 mois de noviciat que la Société exige du récipiendaire.

Art. 3.

Lors de l'admission d'un récipiendaire il lui est remis un Réglement et un Livret de quittances dont il paye la valeur.

Art. 4.

Tout récipiendaire devra passer une première visite du médecin de la Société, au moment de son inscription, qui attestera de son état de santé et lui en remettra le certificat sous pli cacheté.

Ce certificat devra être immédiatement remis au Président de la Société, qui en donnera lecture à l'Assemblée Générale, lors de la présentation du Récipiendaire.

Art. 5.

Le Récipiendaire devra, a sa présentation à l'Assemblée Générale, déclarer qu'il a pris connaissance des Statuts et Réglement de la Société et qu'il les accepte.

Il sera reçu par l'Assemblée par la majorité des membres présents.

S'il n'était pas admis, les sommes versées par lui, lui seraient remboursées, défalcation faite des frais qu'il aurait pu occasionner à la Société, en cas de maladie.

Art. 6.

Toute personne qui voudrait entrer à la Société, pourra être reçue provisoirement, en effectuant un premier versement à l'une des recettes mensuelles, son admission ne sera Définitive, qu'après les formalités indiquées, ci dessus.

Art. 7.

Tout récipiendaire fera un noviciat de 6 mois, pendant lesquels, s'il tombe malade, il aura droit aux médecin et médicaments.

Si le Récipiendaire est marié, son épouse n'aura droit aux secours que la Société lui accorde en cas de maladie qu'après le noviciat de son épouse.

4.

Art. 8.

Après son noviciat terminé, le récipiendaire, avant d'être définitivement admis comme Sociétaire, devra passer une seconde visite du Médecin, qui constatera qu'il n'est survenu aucune maladie ou infirmité chroniques, qui puissent l'empêcher de faire partie de la Société.

Art. 9.

Le Récipiendaire devra, en outre, pour participer à tous les secours et indemnités accordées par le Règlement, s'être entièrement acquitté à la fin de son noviciat, de son droit d'admission et de ses cotisations mensuelles depuis l'époque de son inscription à la Société.

Art. 10.

En cas de décès du Récipiendaire pendant son noviciat, la Société ne prend aucunement à sa charge les frais de funérailles quelle n'accorde qu'à ses membres actifs et à leur épouse. (Voir Décès et funérailles).

Si le récipiendaire tombait malade pendant son noviciat et que cet état se continua passé le temps de son noviciat, la Société lui accordera les secours pécuniaires qu'à partir de la fin de son noviciat si toutefois il est en règle vis-à-vis de la Société.

Titre 2e

Conseil d'Administration.

Art. 11.

La Société est dirigée, par un Président, un Trésorier un Vérificateur, un Receveur et un Secrétaire.

Un adjoint est attribué à chacune de ces fonctions pour la régularité des différents services de la Société.

Art. 12.

Les membres du Conseil d'Administration sont élus chaque année, à la majorité absolue des membres présents à l'Assemblée générale du mois de Janvier.

Sur leur acceptation, ils sont rééligibles l'année
suivante.

Art. 13.

Le Président, dirige et surveille toutes les opérations de la
Société, maintient l'ordre et la bonne harmonie entre tous les
Sociétaires et rappelle au Règlement ceux qui s'en écarteraient.

Il reçoit les Déclarations de maladies, dirige le service des
Syndics et Visiteurs des malades, signe les bons et bordereaux,
qui autorisent le Trésorier à délivrer les fonds pour le service de la
Société.

Il signe tous les actes relatifs à la gestion de la Société,
Tient une feuille des paiements et retards des Sociétaires,
 v ie copie des bons et bordereaux délivrés par lui ; il doit avoir
un double du livre de dépenses et recettes de la Société.

Il a le droit de suspendre les secours pécuniaires à un
Sociétaire malade sur un rapport, avec preuves à l'appui, des
Syndics ou Visiteurs.

Cependant dans le cas de suspension de secours pécuniaires
il devra faire continuer le service des Syndics et Visiteurs jusqu'à
ce que le Conseil d'Administration ait statué sur lesdits rapports.

Il a le droit et le devoir de convoquer une Assemblée Générale
des Sociétaires, si les circonstances l'exigent, en tous cas il peut
aussi convoquer extraordinairement le Conseil en invitant la
Commission permanente à s'y faire représenter par un de ses
membres.

Dans les assemblées il donne la parole à tour de rôle
aux Sociétaires qui l'ont demandée, les rappelle à l'ordre s'ils
s'en écartent et au besoin leur applique les articles du règlement relatifs aux infractions.

S'il veut prendre part à une discussion, il devra céder le
fauteuil de la présidence à son adjoint ou à son défaut à un autre
membre du Bureau, tant que durera la discussion.

Tous ses actes peuvent être jugés par l'Assemblée générale
sur la demande d'un ou plusieurs Sociétaires.

Du Vice-Président.

Art. 14.

En cas d'absence ou maladie du Président de la Société
il le remplace dans toutes ses fonctions et attributions

Du Trésorier.

Art. 15.

Le Trésorier est Dépositaire des fonds de la Société, dont
il doit rendre compte à chaque Assemblée Générale, il est responsable
des sommes qui lui sont confiées ainsi que de tout paiement
non autorisé par un bon signé du Président de la Société.

Il doit assister aux recettes mensuelles.

Une Somme approximative de 600 francs, est laissée entre
ses mains pour les besoins du service de la Société, le surplus de
cette Somme est placé soit à la Caisse d'Épargne, soit en
rentes sur l'État, le tout au nom de la Société; par les soins du Trésorier muni de l'autorisation du Président, contresignée par le
Vérificateur.

Il signe les actes relatifs à sa Comptabilité il tient un
livre de recettes et dépenses, qu'il doit présenter chaque fois qu'il
rend ses comptes et au besoin à toute réquisition du Conseil d'administration.

Art. 16.

Le retrait des sommes placées au nom de la Société à la Caisse
d'Épargne, se fera le Trésorier; accompagné du Président et du
Vérificateur, porteurs du consentement signé de tous les Membres
du Conseil.

S'il s'agissait de vente de Rentes sur l'État ou d'une Somme
de plus de 600 francs, nécessaire au besoin de la Société, le consentement
de l'Assemblée Générale des Sociétaires, serait nécessaire, et en ce
cas l'Assemblée nommera un de ses membres pour signer le transfert
et recevoir les fonds avec les membres du Bureau désignés ci-dessus.

Art. 17.

Le Trésorier ne doit délivrer aucune somme sans un bon
signé du Président, ce bon contiendra en toutes lettres la
somme et sa Destination.

Art. 18.

Si le Trésorier ne présentait plus assez de garantie de

solvabilité, le Président, le Vice-Président et le Vérificateur, se rendraient à son domicile et s'assureraient de l'état de sa Caisse, dresseraient procès-verbal de son contenu et déposeraient registres et caisse entre les mains de l'Adjoint-Trésorier qui continuerait le service.

Art. 19.

L'Adjoint-Trésorier est chargé en cas de maladie ou absence du titulaire, de remplir toutes ses fonctions.

Du Vérificateur.

Art. 20.

Le Vérificateur est chargé de la surveillance de la Comptabilité, et d'en ratifier les erreurs, de faire un rapport de la Situation financière de la Société, qu'il devra lire à chaque assemblée Générale.

Pour celle de Janvier il rédigera un compte rendu détaillé, Recettes et Dépenses, et mouvement financier de la Société, qui sera distribué aux Sociétaires, les noms et adresses des Sociétaires, ainsi que leur date d'admission devront y être annexés.

Du Receveur.

Art 21.

Le Receveur est tenu de se trouver à toutes les Recettes mensuelles, il est chargé de recevoir le montant des cotisations ou amendes et d'en donner quittance.

A la clôture des Recettes il doit conjointement avec le Vérificateur et le Secrétaire, en vérifier le montant et le verser entre les mains du Trésorier qui lui en donne reçu.

Il est responsable, envers la Caisse des erreurs provenant de sa négligence.

Art. 22.

S'il était malade ou qu'un cas de force majeure l'empêche de se rendre à la recette il devra en prévenir son adjoint qui le remplacera dans son service.

Une amende de 3 francs lui sera infligée, s'il manquait à son service sans avoir prévenu.

Son adjoint encourra la même amende, si prévenu il

néglige de se rendre à la recette.

Du Secrétaire.

Art. 23.

Le Secrétaire est tenu de se trouver, à chaque Assemblée Générale, à chaque séance du Conseil et à chaque recette mensuelle.

Il lui est accordé à titre d'honoraires la somme de 1f 50 par Sociétaire actif. Cette indemnité lui sera payée chaque trimestre.

En cas de maladie ou démission du Secrétaire, Son adjoint touchera l'indemnité accordée au titulaire, et devra le remplacer dans toutes Ses fonctions.

Art. 24.

Le Secrétaire est chargé de la rédaction des procès-verbaux des Assemblées générales, et de celles du Conseil d'Administration, il fait les appels à chaque Assemblée générale, il signe tous les actes de l'administration.

Il fait les convocations par lettres affranchies pour toutes assemblées extraordinaires ou décès d'un Sociétaire ou de son épouse, il prévient les Sociétaires de leur position vis-à-vis de la Société, quand ils se trouvent hors des secours par le manque de versement.

Il doit prévenir aussi par lettres, ceux qui à l'expiration de leur noviciat, n'auraient pas acquitté leur droit d'admission et leurs cotisations portés au Règlement.

Le jour des recettes il est chargé de l'inscription des récipiendaires.

Il est tenu de fournir tous les renseignements aux Sociétaires, et prévenir 5 jours à l'avance l'Autorité Supérieure de toutes les réunions générales de la Société afin d'en obtenir l'autorisation.

Art. 25.

Il devra avoir un registre matricule et état des Sociétaires, en bon ordre, sous peine d'une amende de 5 francs.

Art. 26.

Il ne pourra se démettre de ses fonctions qu'après, sauf les cas d'urgence motivée, en avoir donné avis à la Société, 4 mois avant le renouvellement du Bureau.

Cette formalité étant de rigueur, s'il ne la remplissait pas, une amende de 10 francs lui serait infligée.

Des Syndics.

Art. 27.

Le Président de la Société désignera les Syndics à tour de rôle parmi les Sociétaires actifs sans fonction, leur nombre est subordonné aux   de la Société et laissé à la discrétion du Président.

Art. 28.

Le Service des Syndics consiste à visiter et payer les malades le Dimanche de chaque semaine, contrôler l'état des malades et le service des Visiteurs ainsi que les soins que le Médecin est appelé à donner à chaque Sociétaire malade, ils devront signer les feuilles de maladie et secours ; ce service est obligatoire pendant un mois.

Toute plainte d'un Syndic devra être immédiatement envoyée au Président de la Société qui y fera droit si elle est fondée.

Art. 29.

Le Syndic se rendra chez le Président, au jour indiqué sur sa lettre d'avis, pour y toucher le montant du bon à payer au malade.

Art. 30.

Le Président de la Société devra de même envoyer un Syndic au domicile de l'épouse malade d'un Sociétaire, afin de faire contrôler le Service du Médecin de la Société.

Art. 31.

Tout refus de ce Service est amendable de 3.fr par semaine.

Cependant en cas d'impossibilité matérielle dûment constatée, le Président doit en être prévenu et il pourvoira au remplacement du Syndic empêché.

Des Visiteurs.

Art. 32.

Les Visiteurs nommés par le Président devront être choisis de préférence dans le quartier du malade.

Ce Service est obligatoire pendant une semaine le Dimanche excepté.

Les Visiteurs doivent au moins deux visites dans la semaine, et sont passibles d'une amende de 2 francs pour chaque infraction à ce service.

Ils doivent aussi signer la feuille de maladie déposée chez le malade et y faire au besoin les observations qu'ils croiraient utiles en vue de la régularité du service médical.

Art. 33.

Tout refus à ce service, non motivé comme il est dit pour les Syndics, est amendable de 3 francs.

Art. 34.

Les Syndics ou Visiteurs ne pourront se présenter chez les malades avant 7 heures du matin en été et 8 heures en hiver; en toutes saisons leurs visites ne pourront être faites après 8 heures du soir.

Art. 35.

Si les Syndics ou Visiteurs ainsi que tout membre de la Société trouvaient qu'un Sociétaire porté malade, s'occupant à ses travaux habituels ou susceptibles d'un produit quelconque, ils devront en prévenir le Président qui prendra les mesures prévues au Règlement.

Du Médecin.

Art. 36.

Les fonctions de Médecin doivent être toutes de Zèle et d'humanité, il devra donc tout en soignant sérieusement nos malades, apporter une économie bien raisonnée dans les médicaments qu'il prescrira l'intérêt de la Société étant engagé trop souvent par des médicaments qu'on peut appeler, de luxe.

Le service du Médecin ne dépasse pas l'enceinte de Paris.

Art. 37.

Lorsqu'un récipiendaire muni d'une lettre d'avis, se présentera chez lui pour y être visité, il devra lui remettre un pli cacheté, qui constatera que le Récipiendaire a été scrupuleusement visité et y spécifier toutes ses remarques sur la constitution et la santé du Récipiendaire. Ce certificat servira à accepter ou refuser ce nouveau Sociétaire.

Il devra aussi, à la première visite ou consultation à l'épouse d'un Sociétaire, bien se convaincre que cette personne ne possède aucune infirmité ou maladie chronique, qui la priverait des secours de la Société.

Dans ce dernier cas il devra en informer le Président de la Société dans le plus bref délai.

Art. 38.

Le Médecin de la Société reçoit un traitement annuel proportionné au nombre des Sociétaires inscrits au registre matricule de la Société.

Il s'engage à donner ses soins aux Sociétaires malades ainsi qu'à leurs épouses, aussitôt qu'il en aura reçu avis du Président de la Société ou du malade.

Il devra aussi recevoir, en consultation, les Sociétaires et leurs épouses à des heures indiquées par lui.

Art. 39.

Il délivre aux malades le certificat pour obtenir les secours pécuniaires, date ses visites sur la feuille de maladie, accorde les permissions de sorties et de convalescence, et précise la durée et prononce sur la fin de la maladie.

Art. 40.

En cas d'absence ou de maladie, il pourra se faire remplacer remplacer par un confrère, qu'il aura désigné au Président.

Art. 41.

Il devra autant que possible se rendre aux Assemblées Générales dans lesquelles il aura voix consultative.

Chaque mois il lui sera envoyé une liste des Sociétaires hors de tous secours. Si malgré cette liste, il lui arrivait de soigner ces Sociétaires indiqués, la Société lui ferait supporter les frais que cette infraction aurait pu occasionner à la Société.

En cas de négligence dans son service un blâme lui serait infligé en Assemblée générale et s'il y a lieu entraîner à son remplacement.

Titre 3ème

Secours Maladie.

Art. 42.

La Société accorde à ses malades à Paris.

1° Les Secours du Médecin, 2° les médicaments et les bains nécessaires à leur guérison, 3° les Secours pécuniaires à raison de 90 jours à 2 francs — 90 autres jours à 1f 50 et les derniers 90 jours à 1 franc.

Toute maladie se prolongeant au delà du terme indiqué ci-dessus, donne droit à une indemnité temporaire fixée à 25 francs par trimestre, néanmoins la Société se réserve le droit de retirer cette indemnité, si le Sociétaire se livrait à un travail productif.

Art. 43.

Aucun Secours n'est accordé pour maladies provenant de débauches, rixes où le Sociétaire aurait été l'agresseur, blessures volontaires pouvant entraîner une incapacité de travail, par suite d'imprudences ou paris.

Dans les cas contraires, toutes blessures devront être constatées par des témoins dignes de foi.

Art. 44.

Tout Sociétaire tombant malade et devant plus de 15 francs de cotisations et amendes comprises dans cette somme, n'aura droit à aucun Secours pécuniaire, médecin et médicaments étant en dehors du Règlement de la Société. Cependant si le Sociétaire, prévenu de sa position vis-à-vis de la Société par une lettre du Secrétaire, avait pris des engagements pour se liquider pendant le temps qui lui aurait été accordé, il recevra les Secours de toutes espèces portés au Règlement.

Dans ce cas et pour toutes redevances à la Société, elle prélèvera pendant les premiers trente jours de maladie, la somme due par les Sociétaires.

Art. 45.

Un Sociétaire tombant malade, a toujours le droit au préalable, si le cas est urgent, de faire appeler un médecin de son choix et les

1rs médicaments prescrits par celui-ci pourront être pris chez le pharmacien le plus proche du malade, le tout aux frais de la Société.

Toutefois ces dépenses ne seront remboursées que sur la présentation d'une facture acquittée.

Le Sociétaire doit faire prévenir immédiatement le Président de la Société de son état ou si le cas est très pressant écrire de suite au médecin de la Société. Immédiatement après la 1ère visite du médecin de la Société; les visites du premier médecin appelé, cessent de droit d'être à la charge de la Société.

Sauf le cas d'urgence, un Sociétaire ne pourra faire appeler un chirurgien, le médecin de la Société peut seul, s'en adjoindre un s'il le croit nécessaire; par infraction à ce paragraphe, le Sociétaire en supporterait seul les frais, il en sera de même si son épouse tombait malade.

Art. 46.

Les épouses des Sociétaires actifs et ayant droit, ont seules droit aux secours du médecin et médicaments.

Les couches et suites de couches, maladies chroniques ou infirmités constatées par le médecin de la Société dans une première consultation ou visite, les privent de ces secours.

L'épouse d'un Sociétaire tombant sous le coup de l'Art. 44 n'aurait également droit à aucun des secours indiqués ci-dessus.

Art. 47.

Le malade continuera à payer des cotisations, le Président en fera la retenue par fraction sur chaque bon à lui payer.

Il sera dispensé des amendes d'enterrement et assemblées.

Art. 48.

Un Sociétaire entrant à l'hospice, y recevra les secours pécuniaires portés au Règlement, S'il en sortait sans être complètement guéri, sur l'avis du médecin de la Société, ces secours lui seraient continués aux conditions prescrites pour la durée par les Art. du Règlement.

Art. 49.

Toute maladie qui n'excédera pas 5 jours ne donne droit qu'aux médecin et médicaments, passé ce temps, les jours à toucher compteront à partir de la déclaration de la maladie au Président.

Art. 50.

Un Sociétaire présumé guéri et sortant des Secours dont la maladie reviendrait avant un mois d'intervale, cette rechûte serait considérée comme la suite de la dernière période de sa maladie, les jours de secours pécuniaires lui seraient comptés ensemble de manière à ne pas dépasser la 1ère période de 90 jours à 2 fr. par jour (Voir Art. 42).

Art. 51.

Aucun malade ne devra sortir de son domicile sans une autorisation écrite du Médecin de la Société, toute infraction à cet article, priverait de droit, le Sociétaire de tout Secours pécuniaire.

Il en sera de même pour un Sociétaire dont le médecin aurait autorisé la sortie à des heures indiquées sur sa feuille de maladie et qui ne s'y conformerait pas, ou qui serait trouvé, par les Syndics ou Visiteurs se livrant à un travail productif.

Art. 52.

Les Sociétaires recevant les Secours pécuniaires de la Société doivent toujours laisser aux Syndics ou Visiteurs un libre accès dans leur Domicile, par infraction à cet article pour la 1ère fois 1 franc d'amende et à la récidive privation des Secours pécuniaires pendant 3 jours.

Si le Sociétaire malade ou blessé peut sortir, il devra se rendre aux consultations aux jours et heures indiqués par le Médecin de la Société.

Art. 53.

Le Sociétaire ne devra reprendre ses occupations que sur une autorisation du Médecin, qui sera remise par le Syndic au Président qui arrêtera immédiatement les Secours au Sociétaire.

Toute infraction à cet Article, entraînerait à une amende de 3 francs.

Art. 54.

Tout Sociétaire demeurant en dehors de l'enceinte de Paris en cas de maladie, ne touchera que les Secours pécuniaires, Savoir 90 jours à 3 francs, 90 autres jours à 2 f. 50 et les derniers 90 jours à 1 f. 50. Il en est de même pour tout Sociétaire résidant ou travaillant en province.

Les sommes ci-dessus énoncées ne leur seront payées que sur l'envoi d'un certificat de maladie signé d'un médecin de la localité et visé par les autorités compétentes.

Art. 55.

Les Sociétaires résidant en province, afin de participer aux différents Secours que la Société accorde à ses adhérents, devront envoyer leurs cotisations par trimestre au plus, au moyen d'un bon sur la poste le tout à leurs frais.

Les épouses des Sociétaires résidant en province cessent de recevoir les secours de la Société.

Cependant si elles résident à Paris, le domicile de leur époux en province ne devant être que momentané, elles recevront toujours les soins du médecin et les médicaments.

Art. 56.

Tout Sociétaire auquel le Médecin ordonnerait pour leur guérison des Bains qu'il jugerait nécessaires, ces Bains quel qu'en soit le prix et la nature seront toujours remboursés au Sociétaire.

Tous les médicaments devront toujours être pris, sauf le cas d'urgence, chez les pharmaciens de la Société, toute infraction à cet article, laisserait aux Sociétaires les frais à leur charge.

Les bandages sont payés par la Société pour les hommes seulement.

Des avances pourront être faites aux Sociétaires pour appareils pour leurs épouses, ces avances devront être remboursées à la Société dans un laps de temps, pris à l'amiable avec l'Administration de la Société.

Art. 57.

Les Sociétaires et leurs épouses doivent toujours apporter leur livret de la Société aux consultations pour prouver leur identité.

Art. 58.

Si l'épouse d'un Sociétaire, à une première visite ou consultation du Médecin de la Société, paraissait être atteinte d'une maladie chronique ou infirmité, le médecin devrait en aviser le Président, afin que ce dernier prévienne l'épouse du Sociétaire que la Société ne s'engage pas à le soigner à l'avenir pour ses maladies ou infirmités.

Titre 4.

Des Pensions.

Art: 59.

La Société accorde une pension de retraite à tout Sociétaire qui atteint 65 ans d'âge et 25 années de présence à la Société, son noviciat compris.

Cette pension sera servie par les revenus des sommes placées par la Société et en son nom, le Capital devant rester intact.

Cette pension pourra au maximum atteindre 200 francs, cependant si les revenus de la Société ne suffisaient pas au service des pensions, la Société devrait s'imposer extraordinairement pour arriver à faire aux pensionnaires le Chiffre minimum de 150 francs.

Tout excédant des revenus de la Société permettant de fournir le maximum devra être versé dans une caisse spéciale affectée aux pensionnaires de la Société pour des temps moins prospères.

Art. 60.

Tout pensionnaire en cas de maladie cesse d'avoir droit aux secours pécuniaires, mais il reçoit toujours les médicaments et les soins du médecin, son épouse reçoit les mêmes soins de la Société.

Il ne paie plus de cotisations, il est exempt de tout service ou appel aux Assemblées dans lesquelles il a toujours voix délibérative.

En cas de décès d'un pensionnaire, la Société lui accorde les honneurs du convoi et les frais portés au Règlement.

Si son épouse décède avant lui elle aura droit aux mêmes frais et convoi que les épouses des Sociétaires (voir Décès et funérailles).

Art. 61.

Un pensionnaire pourra toucher sa pension par mois ou par trimestre à son choix, en se présentant au Conseil ou chez le Président.

Si le pensionnaire demeurait en dehors de l'enceinte de Paris, il devra fournir aux époques de chaque paiement un certificat de vie pour que le Président lui fasse parvenir son mandat, le tout aux frais du pensionnaire.

En cas de décès d'un pensionnaire, qu'il demeure dans Paris ou en Province sa veuve ou ayants droit toucheront l'indemnité portée au Règlement (voir Décès).

Titre 5ᵉ

Décès et Funérailles.

Art. 62.

La déclaration d'un décès doit être faite immédiatement au Secrétaire de la Société, afin d'éviter les retards pour les convocations des Sociétaires à l'enterrement et les mesures à prendre à la Mairie du défunt.

Tous les Sociétaires sont convoqués par lettres affranchies pour l'enterrement d'un Sociétaire ou pensionnaire.

A celui des épouses, la moitié seulement est convoquée à tour de rôle.

Les Sociétaires convoqués à un convoi doivent être porteurs de leurs lettres d'avis, qu'ils remettent au Secrétaire à la maison mortuaire.

Ces lettres leur seront rendues à la fin de la cérémonie à la sortie du cimetière, de cette manière le Secrétaire pourra constater les absences, et chacune d'elle est amendable de 1 franc au départ et au retour.

Art. 63.

Pour l'enterrement d'un Sociétaire, pensionnaire ou leurs épouses la Société accorde la somme de 55 francs pour frais de service, convoi, etc.

La dite somme peut varier en plus ou en moins selon les tarifs de l'Administration des pompes funèbres, mais elle est spécialement affectée aux convoi de 7ème classe pour tous les Sociétaires sans distinction.

Tous les frais en dehors de cette somme sont supportés par la famille des défunts.

Pour les Sociétaires résidant en dehors de l'enceinte de Paris la Société n'accorde que les frais de convoi, toutes les formalités sont à la charge des parents ou amis des défunts, il n'y sera envoyé aucun membre de la Société.

Les frais de funérailles ne seront payés par la Société que sur la présentation d'un reçu de la Mairie de la localité où le décès a eu lieu, en tous cas ces frais ne doivent excéder la somme de 55 francs.

La Société s'impose extraordinairement de 0, 50 centimes par Sociétaire, pour l'acquisition d'un terrain à part, pour les Sociétaires résidant à Paris, seulement.

Art. 64.

Au décès d'un Sociétaire ou pensionnaire la Société accorde à sa veuve ou ayants-droit, une somme de 200 francs, qui ne peut être dépassée que par un article voté en assemblée générale et inscrit au Règlement.

Cette somme est prélevée sur la Caisse.

Art. 65.

Les ayants-droit sont 1° la veuve ou à son défaut les enfants du défunt, 2° toute personne présentant un testament olographe ou autre pour les Sociétaires veufs sans enfants ou célibataires.

Art. 66.

La Société remettra le montant de l'indemnité à la veuve ou aux enfants du défunt sur la présentation d'actes authentiques, de mariage pour la veuve et de naissance pour les enfants.

Art. 68.

Tout Sociétaire, non marié ou veuf sans enfant, pouvant disposer de l'indemnité ci-dessus, en faveur d'une personne à son choix, il devra le faire par testament olographe ou devant notaire, ou bien encore par devant un membre du bureau et un Sociétaire actif.

Sur la présentation de cette pièce le légataire recevra la dite indemnité comme il est dit au Règlement.

L'enregistrement des actes est à la charge des légataires.

L'indemnité sera remise dans les 30 jours qui suivront le décès, aucune avance ne sera faite sur cette somme.

Art. 68.

Les veuves, enfants ou ayants droit ne toucheront cette indemnité, qu'autant que le Sociétaire au moment de son décès ne serait pas en dehors des secours pécuniaires et autres (voir Art. 44)

La Société n'accepte aucune opposition ni mémoire pour dette contractée par le Sociétaire décédé, néanmoins elle se réserve le droit de retenir sur cette indemnité les sommes dues à la Société.

Art. 69.

Toute indemnité non réclamée dans le délai de 6 mois après le décès sera versée à la Caisse des pensions.

Tous les Articles ci-dessus, s'appliquent aux pensionnaires de la Société.

Art. 70.

Tout Sociétaire qui, par sa mauvaise tenue et son langage, troublerait l'ordre dans un convoi, sera passible d'une amende de 2 francs et de l'exclusion, sans préjudice de ses amendes comme absent du convoi

Titre 6ᵉ

Assemblées Générales.

Art. 71.

Les Assemblées Générales auront lieu 3 fois par an.

1ᵉʳᵉ le 2ᵉ Dimanche de Janvier
2ᵉ " " " de Mai   } à 10 heures précises
3ᵉ " " " de Septembre }   du matin.

Elles ne pourront délibérer que si elles sont composées de la moitié plus un des Sociétaires inscrits sur les registres matriculés de la Société.

Pour un cas d'urgence le Président aura le droit de convoquer une assemblée extraordinaire, après avoir pris l'avis du Conseil d'Administration.

Art. 72.

À chaque Assemblée Générale, il sera fait 2 appels nominatifs, l'une au commencement, l'autre à la fin de la Séance; les manquants à ces appels paieront pour chacune une amende de 0 f 50 cent.

À l'Assemblée de Janvier ces amendes seront de 1 f., par appel, cette Séance étant consacrée à l'élection des diverses fonctions administratives de la Société.

Art. 73.

Aucune personne étrangère à la Société n'est admise aux Assemblées, seuls les Délégués de l'autorité y resteront, après s'être fait reconnaître du Président de la Société.

Les membres du Bureau ainsi que le Rapporteur de la Commission permanente ont seuls le droit de siéger.

Art. 74.

Après le premier appel nominatif, le Secrétaire donne lecture du procès-verbal de la dernière Séance. Ce procès-verbal est soumis à un vote de l'Assemblée pour être accepté ou refusé.

Ensuite le Vérificateur rend compte de l'état financier de la Société.

Le Rapporteur de la Commission permanente fait la lecture de son rapport et rend compte à l'Assemblée des propositions qui ont été présentées à la Commission pendant la durée de son mandat, ainsi que de la vérification des actes et comptes de l'Administration.

La Séance est un instant suspendue.

Pendant cet intervalle, le Bureau reçoit les communications ou réclamations des Sociétaires.

À la reprise de la Séance il est procédé à la réception des Récipiendaires, auxquels le Président lit la formule de réception.

Art. 75.

Ensuite la discussion s'ouvre sur les différentes propositions des Sociétaires, du Bureau ou de la Commission permanente.

Si pour des propositions faites pendant la séance, l'Assemblée demandait l'urgence, la discussion commencerait de suite, dans le cas contraire ces propositions seront renvoyées à la Commission permanente qui en sera l'objet d'un rapport à l'Assemblée suivante.

Art. 76.

Tout orateur qui s'écarterait du sujet de la discussion, sera rappelé à la question par le Président, s'il refusait d'y rentrer il serait passible d'une amende de 1 franc avec inscription au procès verbal.

Toute parole injurieuse pour le Bureau ou l'assemblée entraînera à une amende de 2 francs avec inscription au procès-verbal

Art. 77.

Pour toutes propositions tendant à modifier le Règlement, l'urgence ne peut être demandée; elles devront être renvoyées à la Commission permanente chargée de les examiner, elles ne pourront être discutées qu'à l'Assemblée Générale suivante.

Art. 78.

L'élection des membres du Bureau a lieu à l'Assemblée de Janvier.

Le doyen d'âge est appelé à présider jusqu'à la formation du Conseil d'administration, il est assisté du Secrétaire et de 2 membres de la Société choisis parmi les plus jeunes Sociétaires qui remplissent les fonctions de Scrutateurs.

Art. 79.

Pour une Assemblée extraordinaire, le Président devra faire prévenir par lettre affranchie, tous les Sociétaires, Si cette assemblée ne réunissait la majorité de la moitié plus un des Sociétaires inscrits, elle serait renvoyée au Dimanche suivant et délibérerait quelque soit le nombre des Sociétaires présents à cette 2ème Assemblée extraordinaire.

Les manquants aux assemblées extraordinaires paieront 1 fr. par appel.

Art. 80.

A la fin de chaque Assemblée Générale, le Président désignera les membres de la Société qui devront faire partie de la Commission Permanente, Si l'un d'eux était absent il sera prévenu par lettre du Service qu'il est appelé à remplir pendant 4 mois.

De la Commission Permanente.

Art. 81.

La Commission Permanente est composée de 7 membres, la durée de ses fonctions est de 4 mois.

Ses Membres sont pris parmi les Sociétaires sans fonction, et de Droite à gauche de la liste des Sociétaires actifs.

Cette Commission est chargée de l'exécution du Règlement et de la vérification des comptes et des actes de l'administration de la Société.

Elle reçoit et étudie les propositions de nature à réviser le Règlement.

Elle a le droit à l'unanimité de ses membres de convoquer une assemblée extraordinaire, si la Gérance du Conseil mettait la Société en péril; elle devra néanmoins, avertir au préalable le Président de la Société.

Elle nomme un Rapporteur Secrétaire qui est chargé de la tenure du rapport de la Commission. Son rapporteur assiste aux réunions du Conseil, mais n'y a pas voix délibérative.

Elle doit se réunir chaque jour de recette une heure avant la fermeture des bureaux, elle procède à la vérification des comptes de l'Administration et discute les propositions qui lui sont soumises, les rejette ou les accepte et les soumet à l'Assemblée qui juge en dernier ressort.

Il pourra toujours en être rappelé d'une décision de cette Commission en Assemblée générale.

Dans l'intérêt général de la Société, les Sociétaires sont engagés à ne pas négliger ce Service.

Chaque absence non motivée aux Séances de cette Commission est passible de 1 franc d'amende.

Titre 7e
Recettes.
Art. 82.

Les Recettes ont lieu au Siège Social, le 1er Dimanche de chaque mois de 9 heures à 11 heures d'Avril à Septembre.

de 10 heures à midi d'Octobre à Avril.

Les fonctionnaires désignés ci-après, ou leurs adjoints devront assister à la Recette, savoir : le Président, le Secrétaire, le Receveur, le Vérificateur et le Trésorier.

Le Secrétaire et le Président auront chacun un livre de Recettes, portant les N°° d'ordre et les noms des Sociétaires, sur lequel sera inscrite les sommes versées par les Sociétaires.

Art. 83.

Il est particulièrement recommandé à ces fonctionnaires de prendre tout d'abord les cotisations forcées de préférence aux cotisations mensuelles.

Les amendes doivent être payées dans le courant du trimestre au plus tard.

Toute contravention à l'Art. 83 entraînerait à une amende de 1 fr à chaque fonctionnaire présent à la Recette.

On ne devra pas recevoir l'argent d'un Sociétaire s'il venait sans son livret de quittance.

Art. 84.

Après chaque recette le Secrétaire fera parvenir au Médecin de la Société, une liste des Sociétaires hors secours pécuniaires.

En cas de négligence le Secrétaire sera passible d'une amende de 1 franc.

Art. 85.

Après la recette et la vérification des comptes, le Conseil tiendra séance pour s'occuper des intérêts de la Société.

Titre 8ème

Dispositions annexes (Service militaire).
Art. 85 bis

Tout appel de plus d'un mois sous les Drapeaux suspend le Sociétaire de ses Droits et Devoirs. Il rentre à la Société à la fin de son service et reprend sa place sans que le temps passé sous les Drapeaux, puisse lui être diminué sur ses annuités de Sociétaire, s'il est marié son épouse reçoit les soins du Médecin et les médicaments si elle reste dans à Paris.

Toute veuve de Sociétaire décédé pendant le temps de son service militaire, (le cas de guerre excepté) recevra l'indemnité portée au Règlement.

Il en sera de même pour ses enfants ou ayants droit en se conformant aux Art. (Décès et funérailles).

La Société dans ce cas ne pourvoit pas aux frais de funérailles.

Pendant le temps de son service, si l'épouse du Sociétaire décédait elle aurait droit aux convoi et enterrement.

Annexe (Décès et Funérailles).
Art. 86.

Si les Cimetières où doivent être inhumés les habitants de Paris se trouvaient portés à une distance plus éloignée que celle des cimetières existant en 1876, les Sociétaires convoqués, n'accompagneront le convoi que jusqu'à l'endroit où le corps quittera la ville de Paris, où l'appel sera fait par le Secrétaire conformément au Règlement (Décès et Funérailles).

Annexe (Sociétaires à l'Étranger).
Art. 87.

Tout Sociétaire qui résiderait à l'étranger ne fait plus partie de la Société, en cas de retour à Paris s'il veut rentrer à la Société, il ne pourra reprendre ses Droits de Sociétaire qu'à la condition de payer ses cotisations depuis son départ pour l'étranger, repasser une visite du médecin de la Société et faire un noviciat de 3 mois sans Droit d'admission, dans ce cas ces années passées à l'étranger ne lui seraient pas comptées sur son temps de Sociétariat et reprendrait son rang de Sociétaire.

L'épouse d'un Sociétaire résidant à l'étranger ne reçoit plus les secours de la Société quand même elle résiderait à Paris.

Titre 9ème
Dispositions Générales.

Art. 88

Art. 88.

Le Sociétaire peut être rayé de la Société avec perte de fonds versés, dans les cas suivants :

1° Faute de paiement jusqu'à la somme de 15 francs et n'ayant pris aucun arrangement vis-à-vis la Société (Voir Art. 44) ou répondu à l'avis du Secrétaire pour ses retards.

2° Pour avoir commis un délit entraînant une peine afflictive ou infamante.

Si ces délits avaient été commis avant l'entrée à la Société et fussent prouvés pendant le noviciat du Récipiendaire, les sommes versées par lui, seront immédiatement remboursées par la Caisse, défalcation faite des frais occasionnés par le Récipiendaire.

3° Pour avoir détourné des fonds confiés par la Société, sans préjudice des poursuites à exercer devant les Tribunaux.

4° Pour propos, attaquant l'honneur et la probité d'un membre de la Société, reconnus faux à la suite d'une enquête.

5° Pour coups et blessures faites à un membre de la Société dans une réunion en assemblée générale de la Société.

Dans ce cas le provocateur serait seul exclu.

6° Pour prêt d'un livret, cet acte tendant à tromper la Société.

Art. 89.

Un Sociétaire ayant été rayé des contrôles de la Société pour les cas ci-dessus indiqués, un acte signé des membres du Bureau devra être immédiatement rédigé sur papier timbré et enregistré aux frais de la Société.

Cette mesure annule tous les Droits du Sociétaire en cas de maladie, décès, et prive sa veuve, enfants ou ayants Droit des bénéfices portés au Règlement.

Art. 90.

La radiation d'un Sociétaire, peut être prononcée provisoirement par les Membres du Bureau, mais ne deviendra définitive, qu'après un vote de l'Assemblée générale de la Société à laquelle elle doit toujours être soumise et où le Sociétaire rayé, a encore le Droit de s'expliquer.

Art. 91

Art. 91.

Le Sociétaire qui s'absente de Paris, devra en donner avis au Président et indiquer le lieu où il réside, s'il est en France.

En cas de maladie il ne reçoit que les secours pécuniaires (Voir Titre Maladie.)

Il devra ses cotisations et amendes d'enterrements comme s'il habitait Paris (à chaque Décès il sera prévenu par lettre affranchie.)

Il sera naturellement exonéré des différents services que la Société impose à tous les sociétaires.

A son retour à Paris, il devra en avertir le Président dans le délai de 3 jours, sous peine d'une amende de 1 franc.

Art. 92.

Tout Sociétaire qui laisse écouler 3 mois sans faire aucun versement, devra 1 franc en plus de ses cotisations, s'il laisse écouler 4 mois, 4 francs en plus, enfin si la somme due par le Sociétaire arrivait à 15 francs, le Sociétaire prévenu de sa position par un avis du Secrétaire de la Société, il tombe sous le coup de l'Art. 44 qui le prive lui et son épouse, s'il est marié, de tous les secours et bénéfices accordés par la Société.

S'il n'a pas répondu aux invitations d'arrangement qu'il peut toujours prendre vis-à-vis de la Société, il est, sur un vote de l'Assemblée, rayé des contrôles et cette décision lui est communiquée par une lettre du Secrétaire de la Société.

Art. 93.

Tout Sociétaire qui se présenterait aux réunions de la Société, en état d'ivresse, serait invité à se retirer et sera passible d'une amende de 1 franc.

Art. 94.

Si de faux rapports étaient faits par un Sociétaire contre un autre, ces rapports pouvant lui faire perdre l'estime et la confiance de la Société, il sera appliqué une amende de 5 francs au Sociétaire qui n'aura pas fait la preuve de ces rapports.

Art. 95

Art. 95.

Les frais de ports de lettres et envois d'argent sont à la charge du Sociétaire.

Art. 96.

Dans le cas où la Société serait dissoute par l'autorité, les fonds placés et en caisse, appartenant à tous les Sociétaires seront partagés entre eux au prorata des annuités de chaque Sociétaire, depuis leur inscription à la Société.

En ce cas, la Caisse de réserve des Pensions, plus un huitième des fonds de la Société seront partagés entre les pensionnaires de la Société.

Art. 97.

Si la Société, par des cas imprévus, se trouvait dans la nécessité de se dissoudre, ne pouvant continuer à fonctionner, elle ne le pourrait néanmoins, qu'à la majorité des 3 quarts de ses membres actifs, réunis en Assemblée générale de la Société.

Le huitième des fonds encaissé sera également partagé entre les pensionnaires de la Société.

Il en sera de même, si la dissolution par ordre de l'autorité, avait été provoquée par des actes émanant de la Société.

Art. 98.

Le fonds Social de la Société est inaliénable.

La Société s'interdit toutes spéculations industrielles ou commerciales avec ses capitaux

Art. 99.

Les articles fondamentaux de la Société concernant les secours, peuvent être révisé dans le sens le plus large, si la prospérité de la Société le permet.

Les articles ayant rapport à l'administration pourront toujours être modifiés en raison des besoins de la Société, cependant dans ces deux cas, il faudra que ces modifications fussent adoptées par l'autorité supérieure, pour pouvoir être imprimées et rendues exécutoire comme articles de Réglement

Art. 100.

Toutes réclamations, concernant les lettres de convocations pour Service de la Société ou d'assemblées extraordinaire, ne seront pas admises, lorsque le Président ou le Secrétaire déclareront avoir mis ces lettres à la poste.

L'amende encourue ne pourra être levée, que sur la présentation de la lettre retirée du Bureau des rebuts.

Art. 101.

Tous les Sociétaires sont priés de bien se pénétrer des Articles du Réglement, afin de connaître exactement leurs Droits et Devoirs; et n'avoir pas de fausses réclamations à faire, concernant les Articles auxquels ils doivent être soumis pendant leur présence à la Société.

(Fin.)

Formule pour la réception des Récipiendaires
Lue en Assemblée Générale par le Président de la Société.

Les Récipiendaires n'ont droit aux Secours pécuniaires accordés par la Société, qu'après un noviciat de 6 mois et l'acquittement intégral du droit d'admission et des cotisations mensuelles.

Si pendant le temps du noviciat, ils tombaient malades, ils recevront les médicaments et les Soins du médecin de la Société seulement.

En cas de décès pendant le temps du noviciat ils n'ont pas droit au convoi et leurs épouses ne touchent aucune indemnité.

Si pendant les Six mois de noviciat un récipiendaire était atteint d'une infirmité ou maladie chronique, constatée par le médecin de la Société, il ne pourrait faire partie de la société et les sommes versées par lui, seraient remboursées par la Caisse, défalcation faite des frais qu'aurait pu occasionner le Récipiendaire à la Société.

A la fin de son noviciat tout récipiendaire devra passer une seconde visite du Médecin, afin de constater son état de santé, pour faire définitivement partie de la Société.

L'épouse d'un Récipiendaire n'a droit aux Secours de la Société qu'après les 6 mois de noviciat de son mari.

Si des faits ou actes de nature à entacher l'honorabilité du Récipiendaire, étaient découverts, pendant son noviciat, il serait exclu de la Société.

Toutes les Sommes versées par lui, seraient remboursées, sauf, retenue des frais qu'il aurait pu occasionner à la Société.

La Commission de Révision

Bourrier	Mangin
Besnier Victor	Micon
Chaumette fils	Parisot Pierre
Leloup	Simonnet fils

Thenault, Secrétaire.

Dorléans, Rapporteur.